四川省地方标准

农村公路路面典型结构设计指南

Typical Pavement Structure Design Guideline for Rural Highway

DB51/T 2244 - 2016

主编单位：四川省交通运输厅公路规划勘察设计研究院
批准部门：四　川　省　质　量　技　术　监　督　局
施行日期：2　0　1　6　年　9　月　1　日

西南交通大学出版社

2016　成　都

图书在版编目（CIP）数据

农村公路路面典型结构设计指南 / 四川省交通运输厅公路规划勘察设计研究院主编. —成都：西南交通大学出版社，2017.5

（四川省地方标准）

ISBN 978-7-5643-5356-8

Ⅰ. ①农… Ⅱ. ①四… Ⅲ. ①农村道路－路面设计－结构设计－地方标准－四川 Ⅳ. ①U416.02-65

中国版本图书馆 CIP 数据核字（2017）第 061750 号

四川省地方标准

农村公路路面典型结构设计指南

主编单位　四川省交通运输厅公路规划勘察设计研究院

责任编辑	姜锡伟
封面设计	墨创文化
出版发行	西南交通大学出版社 （四川省成都市二环路北一段 111 号 西南交通大学创新大厦 21 楼）
发行部电话	028-87600564　028-87600533
邮政编码	610031
网　　址	http: //www.xnjdcbs.com
印　　刷	成都蜀通印务有限责任公司
成品尺寸	140 mm × 203 mm
印　　张	2.625
字　　数	50 千
版　　次	2017 年 5 月第 1 版
印　　次	2017 年 5 月第 1 次
书　　号	ISBN 978-7-5643-5356-8
定　　价	28.00 元

前　言

为适应四川省农村公路建设发展的需要，提高路面设计水平和工程质量，简化路面设计程序，根据四川省农村公路路面使用性能调查、大量室内外试验，结合交通量、沿线人口密度、当地经济情况、自然和社会环境、各地筑路材料和建设资金状况等实际情况，编制组编制了《农村公路路面典型结构设计指南》,为促进四川省农村公路建设可持续发展提供技术指导。具体设计时，除依据正文外，还应结合条文说明，依据本地区的实际情况灵活运用。

本指南主要技术内容包括：术语、符号，技术标准，路基与垫层，基层与面层，路面典型结构，路面排水设计，路面主要材料及关键施工技术。

本指南由四川省质量技术监督局审查批准[四川省地方标准公告 2016 发字第 5 号（总第 54 号）]，四川省交通运输厅负责管理，四川省交通运输厅公路规划勘察设计研究院负责具体技术内容的解释。在执行过程中如有意见和建议，请寄送四川省交通运输厅公路规划勘察设计研究院（地址：成都市武侯祠横街1号；邮编：610041）。

主编单位：四川省交通运输厅公路规划勘察设计研究院

参编单位：四川省交通运输厅公路局

主要起草人：张　蓉　张晓华　雍黎明　毛　成
罗方军　张光勇　张　毅　苏　洲
蒋庆华　蒋双全　易守春　周水文
于天才

主审人：董武斌　崔世斌　许金华　卢永贵
艾长发　曹正娟　谢　强

目　录

1 范围

1.0.1 为规范和提高四川省农村公路路面设计和建设质量，简化路面设计程序，制定本指南。

1.0.2 本指南适用于四川省农村公路新建和改建路面结构设计与施工。

1.0.3 本指南农村公路指折合为小客车，单车道年平均日设计交通量小于400辆，双向车道年平均日设计交通量小于2000辆的支线公路。

条文说明

根据《公路工程技术标准》（JTG B01）中对公路等级的划分原则，突出以功能作为选用公路等级的理念，表1.0.3是标准中根据此理念考虑通行能力确定的各汽车代表车型与车辆折算系数。

表 1.0.3　各汽车代表车型与车辆折算系数

汽车代表车型	车辆折算系数	说明
小客车	1.0	座位≤19 座的客车和载质量≤2 t 的货车
中型车	1.5	座位>19 座的客车和 2 t<载质量≤7 t 的货车
大型车	2.5	7 t<载质量≤20 t 的货车
拖挂车	4.0	载质量>20 t
拖拉机	4.0	

1.0.4　对特殊工程，可在本指南推荐的路面典型结构基础上，经过充分论证，对结构组合形式及厚度进行适当调整。

1.0.5　农村公路路面设计除应符合本指南规定外，尚应符合国家及行业现行相关法规、标准、规范的规定。

2 规范性引用文件

下列文件对于本文件的应用是必不可少的。凡是注日期的引用文件，仅所注日期的版本适用于本文件。凡是不注日期的引用文件，其最新版本（包括所有的修改单）适用于本文件。

JTG B01－2014《公路工程技术标准》

JTG D30－2015《公路路基设计规范》

JTG D50－2006《公路沥青路面设计规范》

JTG D40－2011《公路水泥混凝土路面设计规范》

JTG F40－2004《公路沥青路面施工技术规范》

JTG/T F30－2014《公路水泥混凝土路面施工技术规范》

JTG/T F20－2015《公路路面基层施工技术规范》

3 术语、符号

下列术语和定义适用于本文件。

3.1 术 语

3.1.1 农村公路 rural highway

单车道年平均日设计交通量小于400辆（折合为小客车），双向车道年平均日交通量小于2000辆的支线公路。

3.1.2 设计年限 design period

路面在规定期限内满足预测累计标准轴次所需服务性能，并允许在营运过程中进行表面功能的养护维修或罩面工程，此期限称为设计年限。

3.1.3 面层 surface course

面层为直接承受汽车车轮的作用力和自然因素影响的结构层，由一层或数层组成。

3.1.4 基层 base course

基层为路面的主要承重部分，和面层一起将荷载作用力传至土基，由一层或数层组成。

3.1.5 垫层 capping course

垫层为介于基层与土基之间的结构层，在土基水、温状况不良时，用于改善土基的水、温状况，提高路面结构的水稳定性和抗冻胀能力，并可扩散荷载，以减小土基变形。

3.1.6 沥青路面 asphalt pavement

铺筑沥青面层的路面，包括沥青混凝土、沥青表处、沥青贯入式等。

3.1.7 水泥混凝土路面 cement concrete pavement

以水泥混凝土做面层（配筋或不配筋）的路面，亦称刚性路面。

3.1.8 轮迹式水泥混凝土路面 wheel-track concrete pavement

在两个轮迹位置各实施 0.7 ~ 1.0 m 宽的水泥混凝土路面。

3.2 符 号

PCC——水泥混凝土 portland cement concrete

AC——沥青混凝土 asphalt concrete

AST——沥青表处 asphalt surface treatment

APM——沥青贯入式 asphalt penetration macadam

TS——弹石 taw

SS——稀浆封层 slurry seal

LWSM——石灰工业废渣稳定碎砾石 lime and industrial waste stabilized macadam（gravel）

CSM——水泥稳定碎砾石 cement stabilized macadam（gravel）

LSM——石灰稳定碎砾石 lime stabilized macadam（gravel）

LSS——石灰稳定土 lime stabilized soil

SSS——土壤固化剂稳定土 soil stabilizer solidified soil

RAP——回收沥青路面材料 reclaimed asphalt pavement

CBM——泥（灰）结碎砾石 clay-bound macadam（gravel）

GM——级配碎砾石 graded macadam（gravel）

DBM——填隙碎石 dry bound macadam

NG——天然砂砾 natural gravel

HPR——手摆片石 hand-placed riprap

SX——石屑 screenings

MCS——中粗砂 medium coarse sand

N_1——年平均日交通量（pcu/d）average daily traffic

f_r——水泥混凝土弯拉强度标准值（MPa）tensile strength standard value of cement concrete

l_{td}——路基顶面验收弯沉值 acceptance deflection on the top of subgrade

l_{jd}——基层顶面验收弯沉值 acceptance deflection on the top of base

l_{md}——路表面验收弯沉值 acceptance deflection on the pavement surface

l_{OD}——路基顶面设计弯沉值 design deflection on the top of subgrade

条文说明：

注：选择路面典型结构时，注意符号表示的含义。

4 技术标准

4.1 路基横断面

4.1.1 农村公路路基宜采用双车道，路基宽度应不小于 6.5 m，路面宽度应不小于 5.5 m；交通量小、工程特别艰巨路段可采用单车道，路基宽度应不小于 4.5 m，路面宽度应不小于 3.5 m；改建公路路基宽度无法满足上述规定时，可保持原路基宽度不变，在特殊路段应设置防撞护栏或护墩等安全设施。路基路面典型横断面见图 4.1.1。

4.1.2 单车道路基应设置错车道，路基宽度应不小于 6.5 m，应在不大于 300 m 的距离内，使驾驶者能看到相邻两错车道间的车辆。错车道有效长度应不小于 20 m，变宽长度宜不小于 10 m。对视线不良地段，在保证行车安全的前提下,也可根据情况进行调整。见图 4.1.2。

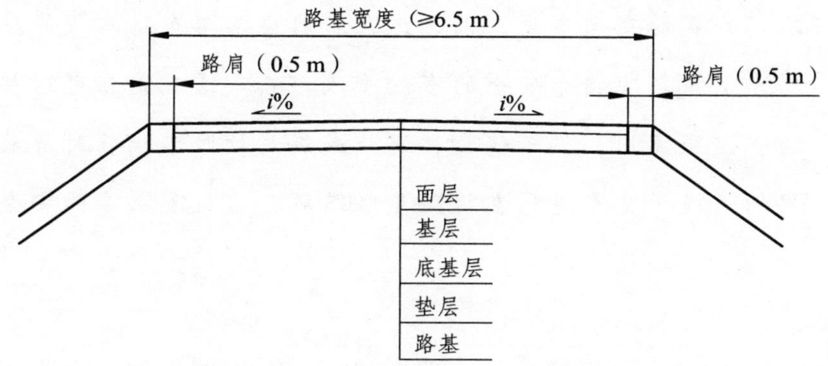

图 4.1.1 路基路面典型横断面

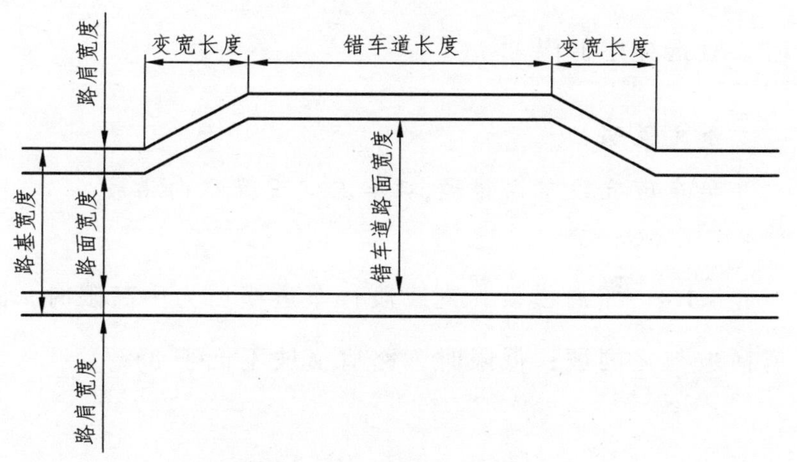

图 4.1.2 错车道典型平面图

条文说明：

单车道在四川省特别是地形条件艰难山区的农村公路中占有较大的比例，由于单车道通行易引起擦撞、侧翻等不同形式的交通事故，因此，在农村公路单车道路段修建错车道是解决错车安全的有效手段。错车道就是在可通视的一定距离内，供车辆交错避让或满足故障车辆临时停放用的一段加宽车道。在视距受限路段，应设置必要的安全设施。

4.1.3 路拱横坡：一般在 2%～4%之间选取，年平均降雨量不小于 1 000 mm 时，宜选择中高限；小于 1 000 mm 时，宜选择中低限。

条文说明：

单车道宜设单向横坡，双车道宜设置双向横坡。

4.1.4 路肩横坡：直线段行车道横坡为中高限时，路肩横坡与之同坡；低限时，路肩横坡不低于 3%。

4.2 标准轴载

路面设计采用双轮组单轴载 100 kN 作为标准轴载，以 BZZ-100 表示。

4.3 设计年限

根据四川省当前经济水平、交通发展和投资条件，对于农村公路，水泥混凝土路面设计基准期为 10 年，沥青混凝土路面结构设计年限为 6 年，沥青表处、沥青贯入式、弹石路面结构设计年限为 5 年，稀浆封层路面结构设计年限为 3 年。

5 路基与垫层

5.1 路 基

5.1.1 路基应密实、均匀、稳定，质量应符合现行《公路路基设计规范》（JTG D30）的相关规定。

5.1.2 经过处治后的路床顶面回弹模量应不低于25 MPa。

条文说明：

1 应采取防止地下水和地表水浸入路基、路面的措施，确保路基的强度和稳定性。设计时，宜使路基处于干燥、中湿状态，对潮湿、过湿状态的路基，如当地石料丰富，可换填砂砾、碎石等渗水性材料，石料缺乏地区可采用消石灰、土壤固化剂等措施处理，满足土基回弹模量不小于25 MPa的要求。

2　沥青混凝土、水泥混凝土路面结构中路基顶面回弹模量应不低于 30 MPa。

5.1.3　路基检验标准

1　压实度

新建农村公路路基压实度采用重型击实标准，应符合表 5.1.3 的规定。

表 5.1.3　路基压实度、CBR 值要求

填挖类别	路床地面以下深度（cm）	压实度（%）	CBR（%）
填　方	0～30	≥94（≥95）	≥5（≥6）
	30～80	≥94（≥95）	≥3（≥4）
	80～150	≥93（≥94）	≥3
	150 以下	≥90（≥92）	≥2
零填及路堑	0～30	≥94	≥5
	30～80	—	≥3

注：沥青混凝土和水泥混凝土路面应采用括号内数值。

2　弯　沉

采用贝克曼梁弯沉仪测定路基弯沉值，检验路基设计回弹模量对应的弯沉值是否能达到设计要求。

（1）将路基回弹模量设计值按式（5.1.3-1）计算对应的路基设计弯沉值 l_{OD}，作为检验路基强度的简便方法。

$$l_{OD}=\frac{2p\delta}{K_1E_{OD}}(1-\mu_0^2)a_0\times10^3 \quad （5.1.3-1）$$

式中 l_{OD}——路基设计弯沉值（0.01 mm）;

P——测定车轮胎接地压强 0.7（MPa）;

δ——当量圆半径 10.65（cm）;

E_{OD}——路基回弹模量设计值（MPa）;

μ_0——土的泊松比，一般取 0.35;

α_0——均匀体弯沉系数，取 0.712;

K_1——不利季节影响系数，可根据当地经验确定，一般取 1.2。

（2）路基弯沉验收标准

实测的弯沉代表值 l_0 应不大于路基弯沉设计值 l_{OD}。

$$l_0=\overline{l}_0+Z_aS\leqslant l_{OD} \quad （5.1.3-2）$$

式中 $\overline{l}_0$——路段实测路基弯沉平均值（0.01 mm）;

S——路段实测路基弯沉均方差（0.01 mm）;

Z_a——保证率系数，农村公路取 1.5。

若现场实测路基回弹模量代表值小于设计值或弯沉值大于要求的检验值，应采取翻晒补压、掺灰处理等措施，确保路基的强度和稳定性。

条文说明：

1 大量公路建设经验表明，路基应均匀、密实、稳定，具有足够的强度，路基土的含水量和压实度直接影响到路面的强度和稳定性。根据理论分析，影响农村公路路表弯沉的主要因素是路基的强度。路基施工时应加强路基的压实，确保土基模量或弯沉达到设计要求，提出了农村公路的路基压实度要求，击实试验应采用重型击实标准。

2 《公路路基路面现场测试规程》（JTG E60）中土基现场回弹模量测试采用直径 30cm 的刚性承载板，在土基表面逐级加载和卸载测出与每级荷载相对应的回弹变形，经计算求得。贝克曼梁作为路基现场测试方法，仪器简单、操作方便、计算容易，作为本指南的推荐方法。而承载板法测定费时、笨重，如操作不当反而影响准确性，考虑到四川省各地的实际情况，本指南未列，但并不是不可采用，如条件许可，可采用上述方法。

3　近年来实测法中研制了便携式落锤弯沉仪（PFWD），是一种简单的土基强度的检测方法，尚需在实践中进一步积累资料。

4　路面施工前，为判定路基是否达到了设计要求，本指南提出了路基弯沉验收标准。

5.2　垫　层

5.2.1　设置条件

为提高路面结构的整体强度，确保路面结构处于干燥或中湿状态，下列情况应设置垫层：

1　地下水位较高，或沿线为稻田、水塘等，加之排水不良，路床的湿度较大，承载能力低，易引起上部路面结构的破坏，应设置垫层阻断地下水。

2　排水不良的土质路堑，有裂隙水等不良地质路段。

3　季节性冰冻地区的潮湿、过湿路段，当冬季降温结冰时，大量的水积聚在路基上层，易形成冻胀；在春融时大量的水难以排出易形成翻浆，大大降低路基的承载能力，为减少冬冻春融对路基的影响，应设置防冻垫层。

垫层材料可选用粗砂、砂砾、碎石、煤渣及矿渣等，有条件时可铺设土工合成材料。如采用粗砂或砂砾料，为降低水敏感性，要求通过 0.075 mm 筛孔的颗粒含量应不大于 5%；采用煤渣时，小于 2 mm 的颗粒含量不应大于 20%；采用碎石或砂砾垫层时，最大粒径应与结构层厚度相协调，最大粒径不超过结构层厚度的 1/2，以形成骨架结构，提高结构稳定性。

5.2.2 设置厚度

厚度宜为 150 ~ 200 mm，重冰冻地区、潮湿、过湿路段可采用 300 ~ 400 mm。

5.2.3 设置宽度

垫层宽度至少应铺筑到路基边缘,宜与排水系统相连，严禁倒灌。

6 基层与面层

6.1 一般规定

路面面层、基层、底基层的结构和厚度，应与交通量及组成、气候、水文地质和筑路材料等相适应。

6.2 基层及底基层

6.2.1 一般要求

1 基层是路面的主要承重层，应具有足够的强度、良好的水稳性，在冰冻地区还应具有抗冻性。

2 半刚性基层应具有较小的收缩（温缩及干缩）变形和较强的抗冲刷能力。

3 基层、底基层结构设计应贯彻就地取材的原则，认真做好当地材料的调查，根据不同公路等级、交通量对基层、底基层的技术要求，选择技术可靠、经济合理的基层、底基层结构。

6.2.2 无机结合料稳定类

1 水泥稳定类：包括水泥稳定砂砾、碎石、未筛分碎石等。

2 石灰稳定类：包括石灰稳定土、砂砾土、碎石土等。

3 工业废渣稳定类：包括石灰粉煤灰稳定砂砾、碎砾石、矿渣等。

水泥稳定类、石灰稳定类及石灰粉煤灰稳定类材料适用于底基层和基层，对年降雨量大于 1 000 mm 地区宜采用水稳性较好的水泥稳定类或工业废渣稳定类，不宜采用水稳性差的石灰稳定土类。

6.2.3 粒料类

1 嵌锁型：包括泥结碎石、泥灰结碎石、填隙碎石等。

2 级配型：包括级配碎石、级配砾石、符合级配的天然砂砾、部分砾石经轧制掺配而成的级配碎砾石等。

级配砾石、级配碎砾石以及符合级配、塑性指数等技术要求的天然砂砾，可用于基层和底基层；泥结碎石宜用于年降雨量不大于 1 000 mm 的区域。

6.2.4 缺乏石料或需要较长距离远运的地区，为降低路面造价，可采用适宜的土壤固化剂对土壤进行处理后，作为基层或底基层。

6.3 面 层

6.3.1 一般要求

1 面层应具有良好的抗水损害能力，结构耐久。

2 面层材料应满足当地气候条件、水文地质等对材料的要求，就地取材，造价相对低廉，施工方便，质量易于控制。

6.3.2 沥青类

主要有沥青混凝土、沥青贯入式、沥青表面处治、稀浆封层等。

6.3.3 水泥混凝土

主要有普通水泥混凝土，条件受限时，也可采用轮迹式水泥混凝土。

6.3.4 其他

主要有弹石、泥结碎石、砂石路面、加固土等。

6.4 结构层厚度

各结构的材料不宜频繁变化，各种结构层压实最小厚度与适宜厚度应符合表 6.4 的要求，并不得设计小于 150 mm 厚的无机结合料稳定材料。

表 6.4 常用路面结构压实最小厚度与适宜厚度

结构层类型	压实最小厚度（cm）	适宜厚度（cm）
贯入式沥青碎石	4	4 ~ 6
沥青表面处治	1	1 ~ 3
稀浆封层	0.6	0.6 ~ 0.8
水泥稳定类	15	15 ~ 20

续表

结构层类型	压实最小厚度（cm）	适宜厚度（cm）
石灰稳定类	15	15 ~ 20
石灰工业废渣类	15	15 ~ 20
级配碎砾石	8	10 ~ 20
泥（灰）结碎石	8	10 ~ 15
填隙碎石	10	10 ~ 12
弹石路面	10	10 ~ 18
砂石路面	10	10 ~ 15
加固土	8	10 ~ 15

条文说明：

根据四川省农村公路路面状况及施工机具调查，结合相关规范，在总结有关经验的基础上提出了常用路面结构厚度，各地在具体实施时，应根据工程所在地区的气候、水文、材料、交通量和交通组成特点、施工队伍的设备和管理水平，考虑施工变异性，综合考虑确定。为确保无机结合料稳定类整体强度和板体性，单层厚度应不小于15 cm。

7 路面典型结构

7.1 路面典型结构选择原则

7.1.1 路面结构类型应根据交通量及组成、当地自然条件、沿线筑路材料和工程投资等情况综合确定。

7.1.2 农村公路一般路段宜采用水泥混凝土或沥青路面，降雨量丰富地区，宜采用水稳性好的基层、底基层。

7.1.3 交通量应通过现场调查或工程可行性研究成果预计的交通量及当地经济发展、城镇规划、交通规划等要求确定。

7.2 路面典型结构选择参数

设计农村公路路面结构时，应通过沿线居民密度、交通量和当地经济情况三个因素打分，计算路段总分值，根据路段总分值选择路面结构类型。路段总分值应按式(7.2)计算：

$$LZ = K(JM + JT + JJ) \tag{7.2}$$

式中：LZ——路段总分值。

K——调整系数，考虑到项目的旅游、重载等的发展趋势，取值范围为 1.0～1.2。

JM——沿线居民密度分值。

JT——交通量分值。

JJ——当地经济情况分值，采用人均国民生产总值，或采用国民生产总值。

各因素权值见表 7.2.1，各种因素打分值以全省的平均情况为基准，对 JM、JJ 为大于平均值+15%、在平均值±15%之间和小于平均值－15%三种区间，而 JT 则分为大于平均值+50%、在平均值±50%之间和小于平均值－50%三种区间，具体取值见表 7.2.2。

表 7.2.1 各因素权取值

因素	*JM*	*JT*	*JJ*
总分	3	4	3

表 7.2.2 各因素取值

因素	取值区间	取值	取值区间	取值	取值区间	取值
JM	大于平均值 +15%	3	在平均值 ±15%之间	2	小于平均值 –15%	1
JT	大于平均值 +50%	4	在平均值 ±50%之间	2	小于平均值 –50%	1
JJ	大于平均值 +15%	3	在平均值 ±15%之间	2	小于平均值 –15%	1

条文说明：

1 路面在农村公路总造价中比重大，路面结构选择恰当与否，直接影响到工程造价。根据四川省现有农村公路路面状况的调研，结合国内外对农村公路的研究成果，以及通江、仪陇等地区实施的试验路，从当前四川省各地区农村公路的设计、施工水平出发，编制标准化的路面结构组合，更易为广大基层工程技术人员接受。通过路面典型结构：①使四川省农村公路路面结构组合更趋合理，更符合四川的气候、水文、地质、交通以及材料供应情况，减少路面早期破坏，延长使用寿命；②减少四川路面结构设计的计算工作量，形成路面设计、施工的系列化技术措施，进一步提高路面的服务水平。

2　影响路面结构选择的因素很多，如沿线气候条件、筑路材料、水文地质、沿线居民密度、交通量和当地经济情况等。农村公路的根本目的是方便广大农民群众出行，促进物质交流，提高生产、改善生活条件，加快农村社会经济发展。因而农村公路的特点是解决农民出行问题、交通量不大、重车不多。在选择路面结构类型时，应重点考虑公路服务的居民密度、交通量和当地经济情况，至于其他因素如沿线气候条件、路基状况和筑路材料可根据当地的实际情况考虑。

3　选择路面结构标准时，主要考虑三个方面的因素：

（1）沿线居民密度指每千米公路服务的居民数量，如无此资料，也可采用人口密度（人/km^2）。

（2）交通量基准以单车道为 200 辆/d，双车道 1 000 辆/d（折合为小客车）考虑。

（3）当地的经济状况由人均生产总值反映。

四川省各地有关参数及路段分值见表 7.2.3、表 7.2.4。

表 7.2.3 四川省各地有关参数

地区	生产总值/亿元	人均生产总值（元）	人口密度（人/km²）
成都市	8 138.94	57 624	1181
自贡市	884.80	32 787	678
攀枝花市	740.03	60 391	176
泸州市	1 030.45	24 317	354
德阳市	1 280.20	35 945	589
绵阳市	1 346.42	29 080	232
广元市	468.66	18 672	158
遂宁市	682.41	20 908	654
内江市	978.18	26 341	744
乐山市	1 037.75	31 942	250
南充市	1 180.36	18 757	525
眉山市	775.22	26 168	424
宜宾市	1 242.76	27 865	343
广安市	752.22	23 410	536
达州市	1 135.46	20 685	343
雅安市	398.05	26 157	102
巴中市	390.40	11 823	276
资阳市	984.72	27 283	449
阿坝藏族羌族自治州	203.74	22 525	11
甘孜藏族自治州	175.02	15 753	7
凉山彝族自治州	1 122.67	24 668	76
平均值	1 188	27 767	386

注：数据引自《四川统计年鉴-2013》。

表 7.2.4 各县市路段分值参考表

路段分值（$JM+JJ$）	适用县市
2 ~ 3	叙永县、古蔺县、安县、梓潼县、北川县、平武县、元坝区、朝天区、旺苍县、青川县、剑阁县、沐川县、峨边县、马边县、屏山县、汉源县、芦山县、通江县、南江县、松潘县、九寨沟县、金川县、小金县、壤塘县、阿坝县、若尔盖县、红原县、泸定县、丹巴县、雅江县、道孚县、炉霍县、甘孜县、新龙县、德格县、白玉县、石渠县、色达县、理塘县、巴塘县、乡城县、稻城县、得荣县、木里县、盐源县、宁南县、普格县、布拖县、金阳县、昭觉县、喜德县、冕宁县、越西县、甘洛县、美姑县、雷波县、纳溪区、合江县、盐亭县、江油市、利州区、苍溪县、洪雅县、丹棱县、南溪区、高县、兴文县、万源市、雨城区、天全县、茂县、黑水县、马尔康县、康定县、德昌县、会东县
4 ~ 5	宣汉县、大邑县、荣县、富顺县、仁和区、米易县、盐边县、泸县、中江县、三台县、安居区、蓬溪县、大英县、资中县、沙湾区、金口河区、犍为县、井研县、高坪区、嘉陵区、南部县、营山县、蓬安县、仪陇县、南充县、阆中市、仁寿县、宜宾县、江安县、珙县、筠连县、岳池县、邻水县、达县、开江县、渠县、名山区、荥经县、石棉县、宝兴县、巴州区、平昌县、安岳县、汶川县、理县、九龙县、西昌市、会理县、金堂县、都江堰市、彭州市、邛崃市、崇州市、沿滩区、罗江县、绵竹市、游仙区、船山区、射洪县、东兴区、隆昌县、夹江县、峨眉山市、彭山县、青神县、长宁县、广安区、武胜县、大竹县、乐至县、简阳市
5 ~ 6	锦江区、青羊区、金牛区、武侯区、成华区、龙泉驿区、青白江区、新都区、温江区、双流县、郫县、蒲江县、新津县、自流井区、贡井区、大安区、攀枝花东区、攀枝花西区、江阳区、龙马潭区、旌阳区、广汉市、什邡市、涪城区、内江市中区、威远县、乐山市中区、五通桥区、顺庆区、东坡区、翠屏区、华蓥市、通川区、雁江区

注：上述划分区间是根据《四川统计年鉴-2013》各地区的统计结果制定的，全省人口密度平均值 386 人/km^2，人均国内生产总值平均值 27 767 元，国内生产总值 1 188 亿元，根据对四川省农村公路的调查，公路上交通量以单车道 200 辆/d，双车道 1 000 辆/d 为基准，具体设计时，应根据当地的实际统计数据和未来交通量、人口和经济增长，合理选择三个因素的打分值。

7.3 路面结构类型及其适用性

7.3.1 沥青铺装类

1 沥青混凝土

（1）重型车较多、场镇、受益人口众多，路段分值 $LZ = 7 \sim 10$ 的地区，或对平整度、外观要求较高的旅游公路，路段分值高时，路面结构各层厚度应取中、高限。

（2）基层或底基层材料，应根据本地材料分布，就地取材，应采用水稳性好的无机结合料稳定类。

（3）土基回弹模量应不低于 30 MPa。

2 沥青表处

（1）路段分值较高时，各结构层厚度取中高限，沥青表处宜采用两层及以上层铺法。

（2）沥青表处中的胶结料可采用热沥青或乳化沥青。

（3）降雨量丰富地区，基层宜采用水稳性好的无机结合料类。

3 沥青贯入式

（1）路段分值高时，各结构层厚度取中高限。

（2）山区大纵坡、小半径弯道路段可采用沥青贯入式。

（3）基层、底基层材料应根据本地材料分布，就地取材，降雨量丰富地区，基层宜采用水稳性好的无机结合料稳定类。

4 稀浆封层

（1）路段分值高时，结构层厚度取中、高限。

（2）需要专门的施工设备稀浆封层车。

（3）施工前，应首先进行配合比试验，同时铺筑试验路。

7.3.2 水泥混凝土类

1 重型车较多、场镇、受益人口众多，路段分值 $LZ=7\sim10$ 的地区，路面结构各层厚度应取中高限；对受益人口较多、经济欠发达，路段分值 $LZ=5\sim7$ 的地区，路面结构各层厚度可取中、低限。

2 交通量单车道小于 200 辆/d，双车道小于 1000 辆/d（折合为小客车），水泥混凝土抗弯拉强度 $f_r \geqslant 4.0$ MPa，否则 $f_r \geqslant 4.5$ MPa。

3 基层或底基层材料，应根据本地材料分布，就地取材；降雨量较大地区，基层及底基层应采用水稳性好的无机结合料类。

4 土基回弹模量应不低于 30 MPa。

7.3.3 其他类

1 弹石路面

（1）适用于石料丰富的地区，道路急弯陡坡地段，或有特殊要求的路段；不适用于有较多重载车辆通行路段。

（2）弹石路面应保证排水通畅，避免发生积水现象。

（3）基层宜采用无机结合料稳定碎（砾）石、粒料类；采用粒料类时，基层宜为级配碎石。

2 泥（灰）结碎石、级配碎石

泥（泥灰）结碎石或砂石路面水稳性较差，适用于干旱、人口稀少、经济不发达以及经济欠发达地区分期修建的过渡式路面。

3 简易铺装

（1）靠近高速公路沿线，废旧沥青混合料容易获得地区，面层可采用旧沥青混合料处治材料。

（2）土壤稳定类仅适用于交通量小或受益人口少、石料缺乏的偏远地区。

7.3.4 典型路面结构

根据路面结构选择原则，结合四川省各地的气候、水文地质、筑路材料和成功经验，制定了四川省农村公路路面典型结构，见表 7.3.4。

表 7.3.4　四川省农村公路路面典型结构

路面类型	沥青混凝土路面	
	新建	改建
路面典型结构图	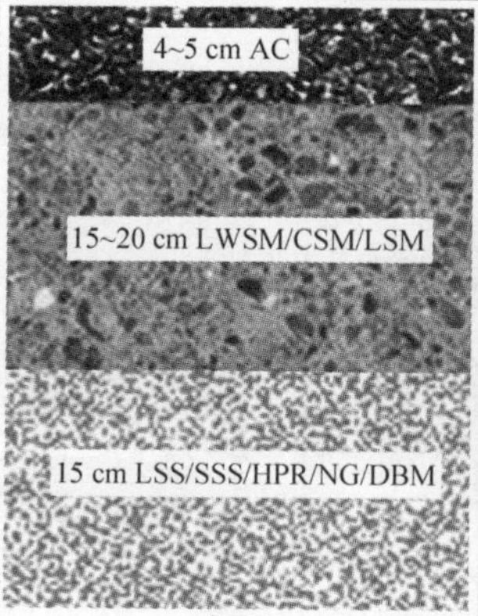 4~5 cm AC 15~20 cm LWSM/CSM/LSM 15 cm LSS/SSS/HPR/NG/DBM 路基	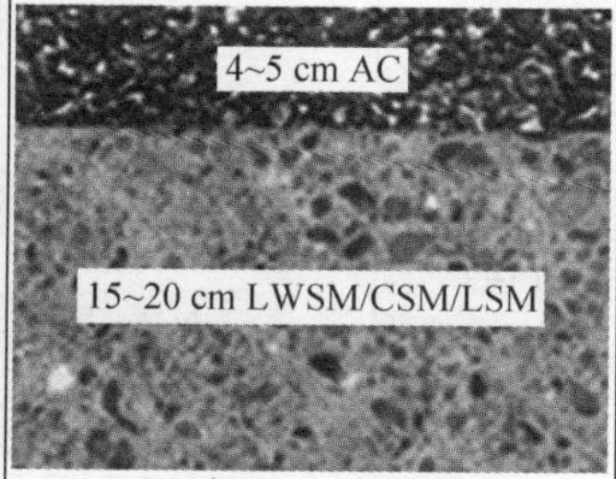 4~5 cm AC 15~20 cm LWSM/CSM/LSM 旧路面（路基）
适用范围	适用于经济比较发达，LZ=7 ~ 10 的地区	
交通量水平	$200 \leqslant N_1 \leqslant 2\ 000$（辆/d）	
主要设备配置	沥青拌和楼、压路机、稳定土拌和机或旋转耕作机或多铧犁与平地机、运输车等	
造价估算	32 ~ 40 万元/km	24 ~ 30 万元/km
主要技术要求	1）$l_{md} \leqslant 75$ 2）$l_{jd} \leqslant 100$ 3）$l_{td} \leqslant 260$	1）$l_{md} \leqslant 100$ 2）$l_{jd} \leqslant 130$ 3）$l_{td} \leqslant 210$
设计年限	6 年	

续表

路面类型	水泥混凝土路面	
	新建	改建
路面典型结构图	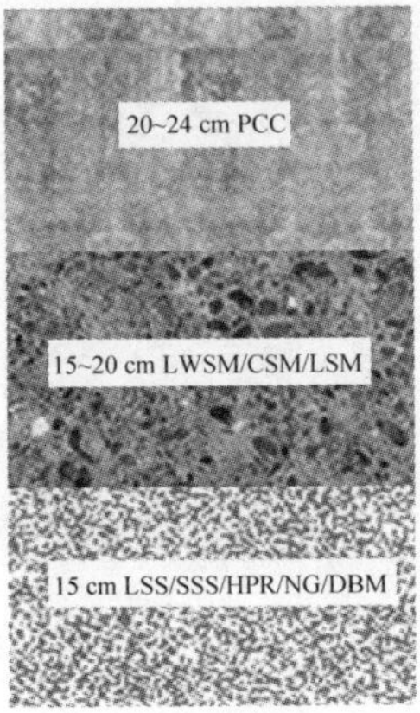 20~24 cm PCC 15~20 cm LWSM/CSM/LSM 15 cm LSS/SSS/HPR/NG/DBM 路基	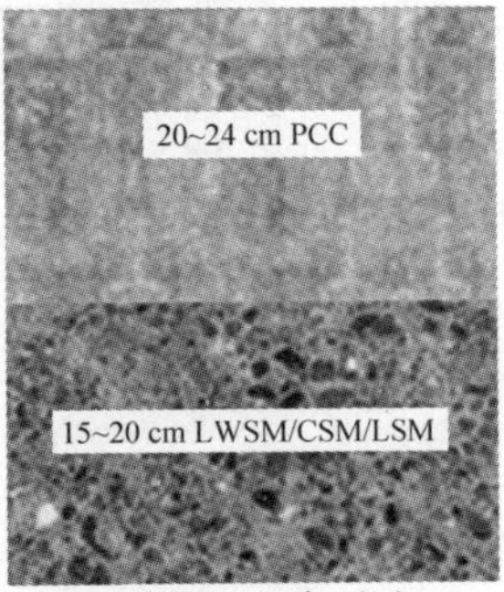 20~24 cm PCC 15~20 cm LWSM/CSM/LSM 旧路面（路基）
适用范围	适用于经济比较发达，LZ=5～10 的地区	
交通量水平	200≤N_1≤2000（辆/d）	
主要设备配置	水泥混凝土拌和机、平板夯、稳定土拌和机或旋转耕作机或多铧犁与平地机、压路机、切缝机、运输车等	
造价估算	40～50 万元/km	32～40 万元/km
主要技术要求	1）f_r≥4.0 MPa 2）l_{jd}≤100 3）l_{td}≤260	1）f_r≥4.0 MPa 2）l_{jd}≤130 3）l_{td}≤210
设计基准期	10 年	

续表

路面类型	沥青表处	
	新建	改建
路面典型结构图	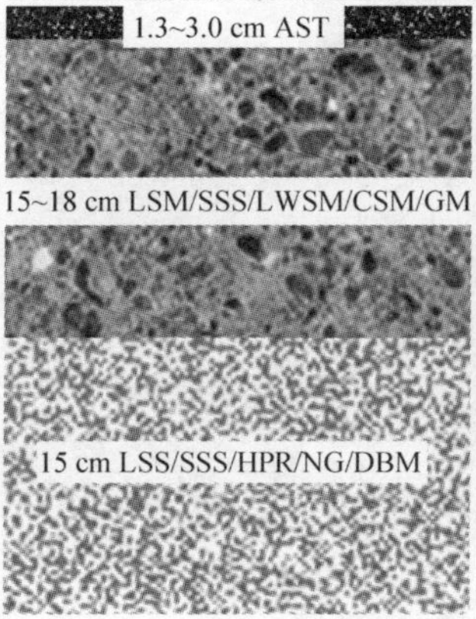 1.3~3.0 cm AST 15~18 cm LSM/SSS/LWSM/CSM/GM 15 cm LSS/SSS/HPR/NG/DBM 路基	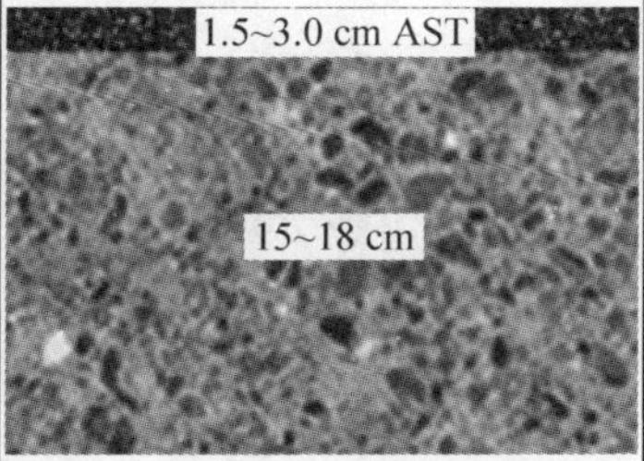 1.5~3.0 cm AST 15~18 cm 旧路面（路基）
适用范围	适用于经济欠发达，LZ=5～8 的地区	
交通量水平	$N_1 \leqslant 400$（辆/d）	
主要设备配置	沥青洒布车、压路机、稳定土拌和机或旋转耕作机或多铧犁与平地机、运输车等	
造价估算	23～28 万元/km	14～19 万元/km
主要技术要求	1）$l_{md} \leqslant 100$ 2）$l_{jd} \leqslant 110$ 3）$l_{td} \leqslant 310$	1）$l_{md} \leqslant 100$ 2）$l_{jd} \leqslant 110$ 3）$l_{td} \leqslant 210$
设计年限	5 年	

续表

路面类型	沥青贯入式	
	新建	改建
路面典型结构图	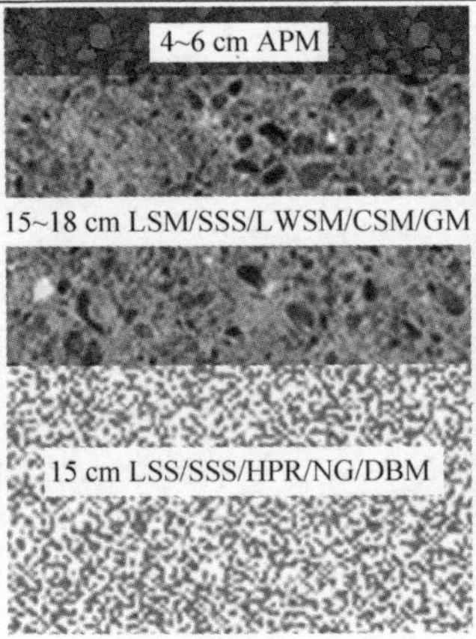 4~6 cm APM 15~18 cm LSM/SSS/LWSM/CSM/GM 15 cm LSS/SSS/HPR/NG/DBM 路基	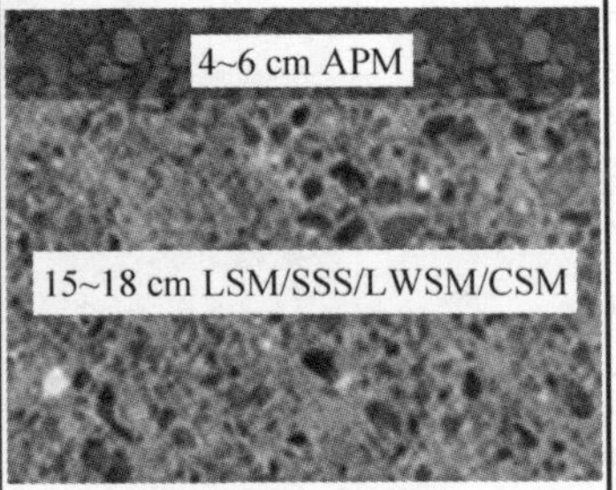 4~6 cm APM 15~18 cm LSM/SSS/LWSM/CSM 旧路面（路基）
适用范围	适用于经济欠发达，LZ=5 ~ 8 的地区	
交通量水平	$N_1 \leqslant 400$（辆/日）	
主要设备配置	沥青洒布车、压路机、稳定土拌和机或旋转耕作机或多铧犁与平地机、运输车等	
造价估算	30 ~ 32 万元/km	21 ~ 23 万元/km
主要技术要求	1）$l_{md} \leqslant 100$ 2）$l_{jd} \leqslant 110$ 3）$l_{td} \leqslant 310$	1）$l_{md} \leqslant 100$ 2）$l_{jd} \leqslant 110$ 3）$l_{td} \leqslant 210$
设计年限	5 年	

续表

路面类型	稀浆封层	
路面典型结构图	新建	改建
	0.6~0.8 cm SS 15~18 cm LSS/SSS/LWSM/CSM 15 cm LSS/SSS/HPR/NG/DBM 路基	0.6~0.8 cm SS 15~18 cm LSS/SSS/LWSM/CSM 旧路面（路基）
适用范围	经济相对落后，$LZ=3\sim5$ 的地区	
交通量水平	$N_1\leqslant200$（辆/d）	
主要设备配置	稀浆封层车、压路机、洒水车等	
造价估算	17～21 万元/km	8～12 万元/km
主要技术要求	1）$l_{jd}\leqslant110$ 2）$l_{td}\leqslant310$	1）$l_{jd}\leqslant110$ 2）$l_{td}\leqslant210$
设计年限	3 年	

续表

路面类型	弹石路面
路面典型结构图	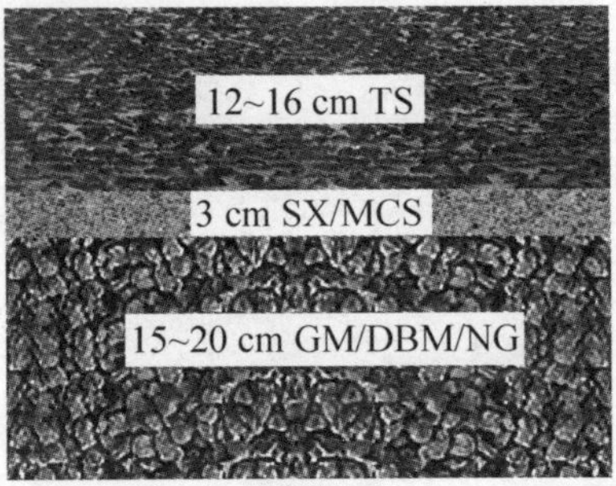 12~16 cm TS 3 cm SX/MCS 15~20 cm GM/DBM/NG 路基
适用范围	经济相对落后，$LZ=3\sim5$ 的地区
交通量水平	$N_1\leqslant200$（辆/d）
主要设备配置	压路机、运输车等
造价估算	10 ~ 15 万元/km
主要技术要求	1）$l_{\mathrm{jd}}\leqslant150$ 2）$l_{\mathrm{td}}\leqslant310$
设计年限	5 年

续表

路面类型	简易铺装
路面典型结构图	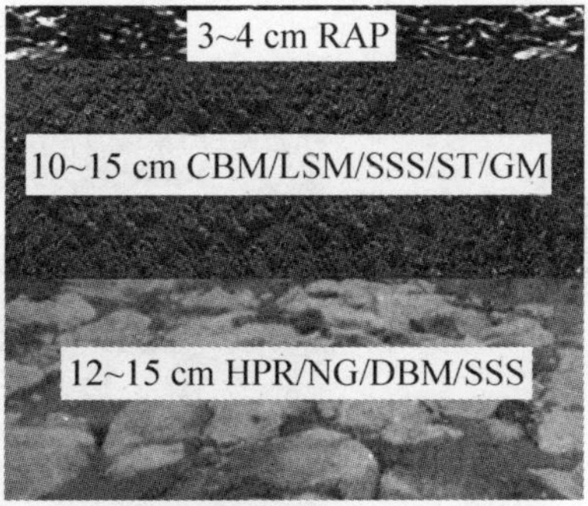 3~4 cm RAP 10~15 cm CBM/LSM/SSS/ST/GM 12~15 cm HPR/NG/DBM/SSS 路基
适用范围	经济相对落后，$LZ=3\sim5$ 的地区
交通量水平	$N_1\leqslant100$（辆/d）
主要设备配置	压路机、洒水车、运输车等
造价估算	10 ~ 15 万元/km
主要技术要求	1）$l_{jd}\leqslant170$ 2）$l_{td}\leqslant310$
设计年限	3

续表

路面类型	泥结碎石
路面典型结构图	 12~18 cm CBM/GM/SSS 12~15 cm HPR/NG/DBM/SSS 路基
适用范围	经济相对落后，$LZ=3\sim4$ 的地区
交通量水平	$N_1 \leqslant 100$（辆/d）
主要设备配置	压路机、洒水车等
造价估算	8 ~ 12 万元/km
主要技术要求	1）$l_{md} \leqslant 150$ 2）$l_{td} \leqslant 310$
设计年限	3

条文说明：

选择典型路面时，除考虑正文制定的原则外，具体实施时，还应考虑下述几个方面因素：

1 路面类型：

路面类型应根据交通量、沿线人口密度、当地经济情况、自然和社会环境、当地筑路材料和建设资金状况等因素合理选择，宜参照本指南中的“农村公路路面典型结构”，选择合适的路面结构方案。使用功能有特殊要求的农村公路，如重载车辆较多的矿区、林区公路等，应结合实际交通量及交通组成情况按相关规范进行专项设计。

（1）一般地区可选用水泥混凝土路面、薄层沥青混凝土、沥青（或乳化沥青）贯入式、沥青（或乳化沥青）表面处治、弹石、砖块、砂石等路面类型。

（2）条件较差地区或分期修建的工程，可利用当地砂砾、未筛分碎石、砖、炉渣、矿渣等粒料或碎砾石、加固土及石灰改善土等路面类型。

（3）石料丰富地区，基层宜选用水泥稳定碎（砾）石、泥结碎石、级配碎石、填隙碎石、天然砂砾等，基层之上宜设置磨耗层和松散保护层，以便通过日常养护工作，保持一定的强度和稳定性。

（4）泥结碎石、加固土等水稳性较差的材料，不宜直接用于降雨量较大的地区，使用时宜设置磨耗层或保护层，加固土作为面层使用时，宜掺有石灰等无机结合料，以提高或确保其在降雨量较大地区的使用耐久性。

（5）山势险峻、急弯、陡坡路段应采用摩阻系数较大、耐久性好的路面。

（6）积雪冰冻时间较长、受益人口少、经济相对落后地区，初期不宜采用沥青路面和水泥路面，宜先修建砂石路面。

（7）原路面弯沉满足要求时，对局部病害处治后可加铺面层。

2 路面典型结构选择程序。

（1）调查交通量资料。

（2）查本指南表 7.2.4 及交通量，计算路段分值，初步确定项目所在地区的典型路面结构。

（3）根据当地材料、气候资料选择适合的结构材料组成。

（4）再根据交通量确定结构层的厚度。

（5）最终根据投资规模，确定技术可行、经济合理的路面面层形式及结构层组成。

3 本指南的投资估算仅供设计人员方案选择及投资人决策时参考，不能作为工程的预算，具体预算需根据当地人工、机械及材料市场价格编制。

8 路面排水设计

8.1 一般规定

8.1.1 应结合沿线地形、地质、水文、气候等条件以及桥涵设置等情况进行综合考虑，注意各种排水构造物之间的联系，使全线形成完善的排水系统，保证路基路面的稳定。

8.1.2 各项排水设施和构造物的设计，应考虑便于施工、检查和养护维修的要求。

8.1.3 多年冻土、滑坡等特殊地区（段）的公路，排水设计应结合其他处治措施综合考虑。

8.2 路面排水设计

8.2.1 排水主要分为地表排水和地下排水。

8.2.2 路面排水一般由路拱坡度、路肩横坡和边沟排水组成，减少外界水渗入路面结构内部。

8.2.3 路拱坡度应根据路面类型和当地自然条件选定，直线段采用 2%～4%横坡，平均降雨量小于 1000 mm 的地区，横坡可采用低值，当横坡取中低值时，土路肩设置向路基外侧倾斜、比直线段稍大的横坡。

8.2.4 边沟横断面采用梯形或矩形。土方路段，边沟的深度应不小于 0.4 m；石方路段，边沟的深度应不小于 0.3 m，宽度应不小 0.2 m。设置超高路段的边沟应加深边沟，以保证边沟排水畅通。边沟纵坡不得小于 0.3%。

8.2.5 地下水发育路段，应设置排水盲沟，盲沟深度宜不小于 0.3 m，宽度宜不小于 0.2 m，沟底标高应低于路基顶面标高。

条文说明：

根据对四川省当前农村公路的调查，道路泥泞的主要原因是排水不畅。四川省大部分地区降雨量一般在1000 mm左右，路基受水长期浸泡，承载能力大幅度降低，在行车作用下，出现泥泞现象，而在填石、排水通畅路段，路面较好，因而对农村公路，排水尤为重要。根据当前的条件，农村公路主要是通过横坡和边沟排水。

9　路面主要材料及关键施工技术

9.1　粒料类

9.1.1　级配碎（砾）石

1　材　料

无论是级配碎石，还是级配碎砾石，均不能采用单一粒径的粗集料或细集料，最大粒径应不大于 31.5 mm，底基层最大粒径应不大于 37.5 mm。为减少水敏感性，严禁夹带素土，含泥量不得大于 5%。集料的级配组成应满足表 9.1.1，否则应采用多种规格材料掺配。

表 9.1.1　级配碎砾石面层、（底）基层的集料级配

<table>
<tr><th rowspan="2">层位</th><th colspan="8">通过下列筛孔（mm）的质量百分率（%）</th><th rowspan="2">液限（%）</th><th rowspan="2">塑性指数（%）</th></tr>
<tr><th>37.5</th><th>31.5</th><th>19</th><th>9.5</th><th>4.75</th><th>2.36</th><th>0.6</th><th>0.075</th></tr>
<tr><td>面层</td><td>100</td><td>85 ~ 100</td><td>70 ~ 90</td><td>50 ~ 70</td><td>40 ~ 60</td><td>25 ~ 40</td><td>20 ~ 32</td><td>8 ~ 15</td><td><28</td><td><6</td></tr>
<tr><td rowspan="2">底基层、基层</td><td>—</td><td>100</td><td>85 ~ 100</td><td>60 ~ 80</td><td>30 ~ 50</td><td>15 ~ 30</td><td>10 ~ 20</td><td>2 ~ 8</td><td><28</td><td><6</td></tr>
<tr><td>100</td><td>90 ~ 100</td><td>75 ~ 90</td><td>50 ~ 70</td><td>30 ~ 55</td><td>15 ~ 35</td><td>10 ~ 20</td><td>4 ~ 10</td><td><28</td><td><6</td></tr>
</table>

2　工艺流程

准备下承层→施工放样→运输和摊铺集料→洒水拌和→整形→碾压。

3　施工关键点

（1）配料准确，颗粒级配应符合要求。

（2）混合料应拌和均匀，没有粗细颗粒离析现象。

（3）应在最佳含水量时碾压，使用 12 t 以上压路机振动碾压，每层的压实厚度宜为 15 ~ 20 cm。

（4）未洒透层沥青或未铺上部结构时，禁止开放交通，保护表层不受破坏。

4　质量控制

（1）采用重型击实标准设计时，面层、基层压实度应不小于 97%，底基层压实度应不小于 96%。

（2）表面平整密实、无松散。

9.1.2　泥结碎石

1　材　料

碎石：采用当地砂岩或灰岩、花岗岩、卵石等满足要求的石料轧制碎石，压碎值应不大于 40%，碎石最大粒径应小于 75 mm，扁长颗粒不宜超过 20%，碎石颗粒组成范围宜参照表 9.1.2。

土：含量不应超过 18%（质量比），塑性指数宜为 18～27，严禁使用含腐殖质土。

宜在 0.5 mm 以下的细料中掺入适量石灰，改善水稳性和提高强度。

表 9.1.2 泥结碎石材料规格

编号	下列筛孔（mm）通过率						适用层位
	75	53	37.5	19	9.5	4.75	
1	100	—	0～15	0～5	—	—	底基层或基层
2	—	100	—	0～15	0～5	—	底基层或基层
3	—	—	100	0～15	0～5	—	基层或面层
4	—	—	—	85～100	—	0～5	基层或面层
5	—	—	—	—	85～100	0～5	嵌缝

2 工艺流程

准备下承层→施工放样→运输和摊铺碎石→预碾碎石→灌浆→带浆碾压。

3 施工关键点

（1）浆的拌制：水与土按（0.8～1）：1的体积比配制。

（2）预压：用压路机碾压，使碎石初步嵌挤稳定为止。

（3）灌浆及带浆碾压：将碎石洒水润湿，泥浆浇灌相当面积后，撒布嵌缝料（1～1.5 m^3/100 m^2），压路机带浆碾压。

（4）终压：碾压1～2遍后撒铺3～5 mm石屑并扫匀，然后碾压，使碎石嵌缝内泥浆能翻到表面与石屑黏结成整体。

4 质量控制

表面平整密实，无明显离析现象。

9.1.3 填隙碎石

1 材 料

填隙碎石单层铺筑厚度宜为10～12 cm，一层的压实厚度，宜为公称最大粒径的1.5～2.0倍，碎石中的扁平、长条和软弱颗粒的含量合计不应超过15%，碎石压碎值应不大于26%，填隙料宜用石屑，如缺乏石屑时，可以添加细砂砾料或粗砂等细集料。填隙碎石、填隙料的颗粒组成宜参照表9.1.3-1、表9.1.3-2。

表 9.1.3-1　填隙碎石的粗骨料组成

编号	工程粒径（mm）	下列筛孔（mm）通过率（%）							
		63	53	37.5	31.5	26.5	19	16	9.5
1	30 ~ 60	100	25 ~ 60		0 ~ 15		0 ~ 5		
2	25 ~ 50		100		25 ~ 50	0 ~ 15			
3	20 ~ 40			100	35 ~ 70		0 ~ 15		0 ~ 5

表 9.1.3-2　填隙料的颗粒组成

筛孔尺寸（mm）	9.5	4.75	2.36	0.6	0.075	塑性指数
筛孔通过率（%）	100	85 ~ 100	50 ~ 70	30 ~ 50	0 ~ 10	<6

2　工艺流程

准备下承层→施工放样→撒布粗骨料→初压→撒布填隙料→振动压实→再次撒布填隙料→振动压实填满孔隙→洒水→终压。

3　施工关键点

（1）填隙料应干燥。

（2）应采用振动压路机碾压，填隙料应填满碎石层内部的全部孔隙，碾压后表面粗碎石间的孔隙应填满，但不得使填隙料覆盖粗集料而自成一层，表面应看得见粗碎石。

（3）未铺上部结构前，禁止开放交通。

4 质量控制

（1）压后固体体积率应不小于 85%。

（2）表面密实，无明显离析现象。

9.1.4 手摆片石

1 材 料

片石：石灰岩或砂岩均可作为片石垫层石料，强度要求不低于三级，不易风化，片石高度约为层厚的 0.7 倍。

嵌缝料：嵌缝料由碎石组成，用于填充片石之间的缝隙，嵌缝工作一般分两次进行，第一次嵌缝料粒径为 20 ~ 40 mm，第二次嵌缝料粒径为 5 ~ 20 mm。

片石及嵌缝料材料用量宜参照表 9.1.4。

表 9.1.4 片石及嵌缝料材料用量参照表

层厚（cm）	石料用量（$m^3/1000\ m^2$）				
	片石		嵌缝料		
	高度(mm)	用量	第一次嵌缝	第二次嵌缝	合计
25	180 ~ 230	275	58	24	82
20	140 ~ 180	220	46	20	66

2　工艺流程

准备下承层→施工放样→片石摆放→撒布嵌缝料→碾压→再次撒布嵌缝料→碾压。

3　施工关键点

（1）片石缝隙应填充嵌缝料。

（2）每层撒布嵌缝料后应进行碾压。

4　质量控制

（1）片石应摆稳。

（2）片石嵌挤密实、无松动。

条文说明：

粒料结构适用于石料丰富地区，级配碎石、碎砾石、泥结碎石可用于底基层、基层甚至是路面，填隙碎石、手摆片石可用于加强路基或底基层、基层。

9.2　稳定土类

宜采用集中厂拌，如条件受限，可采用路拌法施工。

9.2.1 水泥稳定碎砾石

1 材 料

（1）选用初凝时间 4 h 以上和终凝时间大于 6 h 且小于 10 h 的水泥，不得使用快硬水泥、早强水泥以及已受潮变质的水泥。

（2）碎砾石的压碎值应不大于 40%。

（3）颗粒的最大粒径不应超过 53 mm，水泥稳定碎砾石的颗粒组成宜参考表 9.2.1。

表 9.2.1 水泥稳定碎砾石的颗粒组成

编号	下列筛孔（mm）通过率										
	53	37.5	31.5	26.5	19	9.5	4.75	2.36	1.18	0.6	0.075
1			100	90~100	72~89	47~67	29~49	17~35	—	8~22	0~7
2	100	90~100	—	66~100	54~100	39~100	28~84	20~70	14~57	8~47	0~30

注：交通量大时，宜采用 1 号级配。

（4）均匀系数应大于 10，塑性指数应小于 12。

（5）水泥稳定碎石（砾）石 7 d 无侧限抗压强度应达到 1.5 ~ 3.0 MPa，交通量大时取高值，交通量小时取低值。

（6）面层为沥青层时，水泥稳定碎（砾）石中的水泥剂量宜为 3% ~ 6%。

2 工艺流程

测量放样→运输和摊铺砂砾（碎石）→洒水闷料→摆放和摊铺水泥→拌和→整形→碾压→养生等。

3 施工关键点

（1）应先铺筑 100～200 m 的试验段，以确定材料含水量、压实工艺等。

（2）从混合料开始拌和到碾压结束的时间应小于水泥的终凝时间，采用振动碾压。

（3）配料准确，摊铺中应保证集料均匀，避免粗细集料离析，否则应及时清除局部粗集料或添加细集料。

（4）严禁用薄层贴补方法找平。

（5）必须保湿养生，不得使稳定材料表面干燥，也不应忽干忽湿，养生时间宜不低于 7 d。

4 施工质量控制

（1）压实度：底基层应不小于 95%，基层应不小于 97%。

（2）强度：7 d 无侧限抗压强度应达到设计要求。

9.2.2 石灰粉煤灰稳定碎砾石

1 材 料

碎砾石的压碎值应不大于 40%；对粉煤灰、煤渣、矿渣较为丰富的地区，用石灰、粉煤灰、碎石或砂砾按一定比例拌和而成，混合料的配合比设计宜参考表 9.2.2 确定，也可根据当地经验确定。

表 9.2.2 石灰粉煤灰稳定碎砾石集料的颗粒组成

<table>
<tr><td rowspan="2">层位</td><td colspan="9">下列筛孔（mm）通过率（%）</td></tr>
<tr><td>37.5</td><td>31.5</td><td>19</td><td>9.5</td><td>4.75</td><td>2.36</td><td>1.18</td><td>0.6</td><td>0.075</td></tr>
<tr><td>基层</td><td>—</td><td>100</td><td>85 ~ 100</td><td>55 ~ 75</td><td>39 ~ 59</td><td>27 ~ 47</td><td>17 ~ 35</td><td>10 ~ 25</td><td>0 ~ 10</td></tr>
<tr><td>底基层</td><td>100</td><td>85 ~ 100</td><td>65 ~ 85</td><td>50 ~ 70</td><td>35 ~ 55</td><td>25 ~ 45</td><td>17 ~ 35</td><td>10 ~ 27</td><td>0 ~ 15</td></tr>
</table>

石灰粉煤灰稳定碎砾石 7 d浸水抗压强度应达到 0.5 ~ 0.8 MPa，交通量大时取高值，交通量小时取低值。

石灰粉煤灰稳定碎砾石做基层或底基层时，石灰与粉煤灰的比例宜 1∶2 ~ 1∶4，具体比例应根据设计强度标准，通过试验确定最适宜的石灰与粉煤灰的比例。

2 工艺流程

准备下承层→施工放样→运输和摊铺集料→运输和摊

铺粉煤灰或煤渣→运输和摊铺石灰→拌和及洒水→整形→碾压→养生等。

3 施工关键点

（1）必须铺筑 100～200 m 的试验段，确定材料含水量，施工工艺等。

（2）拌和时配料应准确，在最佳含水量时加强碾压。

（3）严禁用薄层贴补的方法找平。

（4）必须保湿养生，不使稳定材料表面干燥，也不应忽干忽湿，养生时间不宜低于 7 d。

4 质量控制

（1）压实度：底基层应不小于 95%，基层应不小于 97%。

（2）强度：7 d 无侧限抗压强度达到设计要求。

9.2.3 石灰稳定土

1 材 料

石灰：应符合表 9.2.3-1 指标要求。

碎砾石：压碎值应不大于 40%。

表 9.2.3-1　石灰技术指标

技术指标		材料种类			
		钙质生石灰	镁质生石灰	钙质消石灰	镁质消石灰
有效钙加氧化镁含量（%）	不小于	70	65	55	50
未消化残渣量	不大于	17	20	—	—
含水量（%）	不大于	—	—	4	4
0.6 mm 方孔筛筛余（%）	不大于	—	—	1	1
钙镁石灰的分类界限，氧化镁含量（%）		≤5	>5	≤4	>4

塑性指数为 15～20 的黏土以及含一定数量黏性的中粒土、粗粒土均可采用石灰稳定，塑性指数偏大的黏性土，应加强粉碎，粉碎后土块的最大尺寸不应大于 15 mm，可以采用二次拌和法，第一次加部分石灰拌和后闷放 1～2 d，再加入其余石灰，进行第二次拌和；当用石灰稳定无塑性指数的级配砂砾、级配碎石和未筛分碎石时，宜用水泥，若条件只能用石灰稳定时应添加 15%左右的黏性土；为减少路面开裂，石灰稳定土中碎石、砂砾或其他粒状材料的含量应在 80%以上，并应具有良好的级配，同时根据当地的实践经验和试验选择合适的石灰剂量。碎石土的颗粒组成宜参考表 9.2.3-2，石灰土级配可参照本地经验选择。

表 9.2.3-2 石灰稳定碎石土的颗粒组成

层位	下列筛孔（mm）通过率（%）								
	53	37.5	31.5	19	9.5	4.75	2.36	0.6	0.075
基层	—	100	83 ~ 100	54 ~ 84	29 ~ 59	17 ~ 45	11 ~ 35	6 ~ 21	0 ~ 10
底基层	100	85 ~ 100	69 ~ 88	40 ~ 65	19 ~ 43	10 ~ 30	8 ~ 25	6 ~ 18	0 ~ 10

注：在潮湿地区的基层其塑性指数不宜大于 6，其他地区应不大于 9。

条文说明：

1 石灰稳定土 7 d 浸水抗压强度应不低于 0.5 ~ 0.8 MPa，交通量大时取高值，交通量小时取低值。

2 过湿路段或冰冻地区的潮湿路段不宜直接铺筑石灰土基层，应设置隔水垫层。

2 工艺流程

准备下承层→施工放样→备料、摊铺土→洒水闷料→整平和轻压→运输和摊铺石灰→拌和与洒水→整形→碾压→养生等。

3 施工关键点

（1）石灰应拌和均匀。

（2）应在混合料处于最佳含水量或略小于最佳含水量时碾压，直到到达要求的压实度。

（3）石灰稳定土宜在当天碾压完成，碾压完成后必须保湿养生，不使稳定土层表面干燥，也不应过分潮湿。

（4）石灰稳定土未铺上部结构时，禁止开放交通。

4　质量控制

（1）压实度：底基层应不小于95%，基层应不小于97%。

（2）强度：7 d无侧限抗压强度达到设计要求。

条文说明：

1　稳定土类是用水泥或石灰、粉煤灰等做结合料所得混合料的一个广义的名称，既包括用稳定各种细粒土，也包括稳定各种碎石或碎砾石等。

2　水泥稳定类

《公路路面基层施工技术细则》（JTG/T F20）中对水泥稳定类的原材料、集料的颗粒组成、施工方法等均进行了详细介绍。在具体施工时应参照执行。实施过程中应注意，因为有关研究表明，低塑性土适用于水泥稳定，高塑性土宜采用石灰稳定，当采用水泥稳定塑性指数较大的土时，可掺加石灰综合稳定，不仅可以提高强度，还可以节约水泥剂量，但如果集料本身含量甚少，不宜采用水泥石灰综合稳定。

3　石灰工业废渣稳定类

粉煤灰是在燃烧煤粉后的一种工业废料，与煤矸石、冶金矿渣并称为三大废料，如废弃，既占用大量农田，又污染环境。粉煤灰、矿渣盛产地区，实现再利用具有重要的意义，大量的研究表明，它们可以再生利用，而且具有较好的使用性能，应用时参照《公路路面基层施工技术细则》（JTG/T F20）相关章节执行。

4　石灰稳定类

石灰稳定类材料在四川省道路中得到了广泛的应用，各地具有丰富的施工经验。尽管它存在强度低、收缩变形大、水稳性稍差的缺点，但该类材料造价低廉、料源广泛，仍不失为农村公路的良好筑路材料。石灰稳定类材料中石灰剂量一般约 5%～10%，具体掺量根据试验确定。

9.3　加固土类

土壤固化剂可分为固态和液态两种，固态固化剂由水泥、石灰等无机结合料或化学添加剂复合而成，液态固化剂为一种液体筑路材料，具体实施时，固化剂和颗粒组成可参照石灰稳定土、水泥稳定土、综合稳定土或相关施工要求执行。

条文说明：

土壤固化剂品种众多，应用工艺、技术要求等差异较大，应根据当地土壤性质，选用适宜的固化剂，并按供应商提供的技术规程使用与控制，通过试验确定。

9.4 弹石路面类

9.4.1 材料

由基层、砂垫层和面层组成，面层材料主要有：块石和水泥混凝土预制块。

面层块石宜采用强度高、坚固耐磨、不易风化的石料，抗压强度不小于 30 MPa，磨耗损失不大于 35%的石料；混凝土预制块抗压强度不得小于 C30；弹石几何尺寸：长 10 ~ 18 cm，高 10 ~ 20 cm，长宽比 1.5 ~ 2。

砂垫层要求选用级配良好、坚硬的中、粗砂，严禁采用黏土和风化碎石屑及粒径较小、强度较低的细砂、粉砂，厚度一般为 3 ~ 5 cm，技术要求见表 9.4.1。

表 9.4.1 垫层砂技术要求

项目	单位	要求	试验方法
表观相对密度	—	不小于 2.45	T0328
坚固性（>0.3 mm 部分）	%	不大于 12	T0340
含泥量（小于 0.075 mm 部分）	%	不大于 5	T0333
砂当量	%	不小于 50	T0334

基层可以采用无机结合料稳定碎（砾）石、也可粒料类；采用粒料类时，基层宜采用级配碎石。

9.4.2 工艺流程

弹石加工→路基整型→基层施工→垫层料到位→块石排砌→成型碾压进行初期养护。

9.4.3 施工关键点

1 摊铺具有最佳含水量的中、粗砂或石屑砂垫层，同时用轻型压路机碾压 1 ~ 2 遍。

2 弹石沿纵向要错缝，不能形成通缝，错缝间距应为弹石长度 1/3 ~ 1/2，弹石与弹石间隙不得大于 10 mm。

3 铺好石块后，应及时撒铺嵌缝料，先用轻型压路机静压 2 ~ 3 遍，碾压时应先由两边开始，逐渐移向中间，在缝内未填嵌缝料时，禁止滚压。

4 撒铺面层砂，厚度不应小于 2cm，进行二次全静压碾压，确保碾压后嵌缝饱满，弹石平整、紧密。

9.4.4 施工质量控制

1 弹石表面平整、紧密、边线整齐。

2 弹石无松动。

9.5 沥青铺装类

9.5.1 沥青表处

1 材 料

（1）路石油沥青技术指标应满足表 9.5.1-1，乳化沥青应满足表 9.5.1-2 的要求。

表 9.5.1-1　道路石油沥青技术要求

指标	单位	沥青标号			试验方法
		110	90	70	
针入度（25 °C，5 s，100 g）	0.1 mm	100~120	80~100	60~80	T0604
适用的气候分区	—	2-2 3-3 3-2	2-2 2-3	1-4 2-4 2-3	参考 JTG F40-2004
软化点（R&B）不小于	°C	41	42	43	T0606
15 °C 延度　不小于	cm	60	50	40	T0605
蜡含量（蒸馏法）不大于	%	4.5	4.5	4.5	T0615
闪点　不小于	°C	230	245	260	T0611
溶解度　不小于	%	99.5			T0603
密度（15 °C）	g/cm^3	实测记录			T0607
薄膜烘箱（TFOT）或旋转薄膜烘箱（RTFOT）后					
质量变化　不大于	%	±0.8			T0610 或 T0609
残留针入度比（25 °C）不小于	%	48	50	54	T0604
残留延度（15 °C）不小于	cm	30	20	15	T0605

注 1：试验方法按照《公路工程沥青及沥青混合料试验规程》（JTG E20）规定执行。

注 2：对气候寒冷地区，最低温度>－21.5 °C 时，宜采用 110 号，最低温度在－9 °C～－21.5 °C 之间宜采用 90 号，大于－9.0 °C 时，宜采用 70 号，在高温季节、机械洒布时，沥青标号可高一个等级。

表 9.5.1-2 道路用乳化沥青技术要求

试验项目		单位	品种及代号								试验方法
			阳离子				阳离子				
			喷洒用			拌和用	喷洒用			拌和用	
			PC-1	PC-2	PC-3	BC-1	PA-1	PA-2	PA-3	BA-1	
破乳速度			快裂	慢裂	快裂或中裂	慢裂或中裂	快裂	慢裂	快裂或中裂	慢裂或中裂	T0658
粒子电荷			阳离子（+）				阴离子（–）				T0653
筛上残留物（1.18 mm 筛），不大于		%	0.1				0.1				T0652
黏度	恩格拉黏度 E_{25}		2 ~ 10	1 ~ 6	1 ~ 6	2 ~ 30	2 ~ 10	1 ~ 6	1 ~ 6	2 ~ 30	T0622
	道路标准黏度 $C_{25.3}$	s	10 ~ 25	8 ~ 20	8 ~ 20	10 ~ 60	10 ~ 25	8 ~ 20	8 ~ 20	10 ~ 60	T0621
蒸发残留物	残留分含量，不小于	%	50	50	50	55	50	50	50	55	T0651
	溶解度，不小于	%	97.5				97.5				T0607
	针入度（25 °C）	0.1 mm	50 ~ 200	50 ~ 300	45 ~ 150		50 ~ 200	50 ~ 300	45 ~ 150		T0604
	延度（15 °C）不小于	cm	40				40				T0605

续表

与粗集料的黏附性，裹附面积，不小于		2/3	—	2/3	—	T0654
与粗、细粒式集料拌和试验		—	均匀	—	均匀	T0659
常温贮存稳定性： 1d，不大于 5d，不大于	%	1 5		1 5		T0655

注 1：P 为喷洒型，B 为拌和型，C、A 分别表示阳离子、阴离子。

注 2：黏度可用选用恩格拉黏度计或沥青标准黏度计之一测定。

注 3：贮存稳定性根据施工实际情况选用试验时间，通常采用 5 d，乳液生产后能在当天使用时也可用 1 d 的稳定性。

（2）沥青表处分为单层、双层和三层，单层表处厚度为 10 ~ 15 mm，双层表处厚度为 15 ~ 25 mm，三层表处厚度为 25 ~ 30 mm。应采用符合要求的道路石油沥青或乳化沥青，撒布热沥青或乳化沥青后应立即用集料撒布机或人工撒布单一粒径碎石，其材料规格和用量见表 9.5.1-3、表 9.5.1-4。

表 9.5.1-3 沥青表面处治面层材料规格和用量

沥青类型	类型	厚度(mm)	集料（$m^3/1000\ m^2$）						沥青或乳液用量			
			第一层		第二层		第三层		第一次	第二次	第三次	合计用量
			规格	用量	规格	用量	规格	用量				
石油沥青	单层	10	S12	7~9					1.0~1.2			1.0~1.2
		15	S10	12~14					1.4~1.6			1.4~1.6
	双层	15	S10	12~14	S12	7~8			1.4~1.6	1.0~1.2		2.4~2.8
		20	S9	16~18	S12	7~8			1.6~1.8	1.0~1.2		2.6~3.0
		25	S8	18~20	S12	7~8			1.8~2.0	1.0~1.2		2.8~3.2
	三层	25	S8	18~20	S12	12~14	S12	7~8	1.6~1.8	1.2~1.4	1.0~1.2	3.8~4.4
		30	S6	20~22	S12	12~14	S12	7~8	1.8~2.0	1.2~1.4	1.0~1.2	4.0~4.6
乳化沥青	单层	5	S14	7~9					0.9~1.0			0.9~1.0
	双层	10	S12	9 ~ 11	S14	4 ~ 6			1.8~2.0	1.0~1.2		2.8~3.2
	三层	30	S6	20~22	S10	9~11	S12 S14	4~6 3.5~5.5	2.0~2.2	1.8~2.0	1.0~1.2	4.8~5.4

注 1：表中乳化沥青的乳液用量按照蒸发残留物含量 60%计算，如含量不同应予换算。

注 2：在高寒地区，可超出高限 5% ~ 10%。

表 9.5.1-4　集料规格

规格名称	公称粒径（mm）	通过下列筛孔（mm）的质量百分率（%）												
		106	75	63	53	37.5	31.5	26.5	19.0	13.2	9.5	4.75	2.36	0.6
S1	40 ~ 75	100	90 ~ 100	—	—	0 ~ 15	—	0 ~ 5						
S2	40 ~ 60		100	90 ~ 100	—	0 ~ 15	—	0 ~ 5						
S3	30 ~ 60		100	90 ~ 100	—	—	0 ~ 15	—	0 ~ 5					
S4	25 ~ 50			100	90 ~ 100	—	—	0 ~ 15	—	0 ~ 5				
S5	20 ~ 40				100	90 ~ 100	—	—	0 ~ 15	—	0 ~ 5			
S6	15 ~ 30					100	90 ~ 100	—	—	0 ~ 15	—	0 ~ 5		
S7	10 ~ 30					100	90 ~ 100	—	—	—	0 ~ 15	0 ~ 5		
S8	10 ~ 25						100	90 ~ 100	—	0 ~ 15	—	0 ~ 5		
S9	10 ~ 20							100	90 ~ 100	—	0 ~ 15	0 ~ 5		
S10	10 ~ 15								100	90 ~ 100	0 ~ 15	0 ~ 5		
S11	5 ~ 15								100	90 ~ 100	40 ~ 70	0 ~ 15	0 ~ 5	
S12	5 ~ 10									100	90 ~ 100	0 ~ 15	0 ~ 5	
S13	3 ~ 10									100	90 ~ 100	40 ~ 70	0 ~ 20	0 ~ 5
S14											100	90 ~ 100	0 ~ 15	0 ~ 3

2　工艺流程

施工准备→洒布透层油→洒第一层沥青→撒第一层集料→根据设计要求依次再洒布第二层沥青、第二层集料、第三层沥青、第三层集料，然后分层辗压（轻型钢轮配合轮胎压路机）→初期养护成型。

3 施工关键点

（1）沥青表处宜选择在干燥和较热的季节施工，并在最高温度于 15 °C 时期到来之前半个月及雨季前结束。

（2）沥青加热是沥青表处施工的重要工序，准确合宜的加热温度和时间宜通过室内试验来确定。

（3）洒油是沥青表处路面施工的关键工序，通常用沥青洒布车，洒布量应准确，洒布应均匀，无漏洒或洒布过量现象。

（4）洒油后立即进行集料撒布。撒料应及时、均匀，达到全面覆盖、厚度一致，既不重叠也不露油。对于局部缺油地点应适当补油，石料过多处扫除补匀。

4 质量控制

质量检测主要有外观检测、路面弯沉检测、路面平整度检测、路面几何尺寸等满足设计要求。

9.5.2 沥青贯入式

1 材 料

（1）结合料采用符合要求的道路石油沥青，沥青技术指标应满足表 9.5.1-1 的要求。

（2）沥青贯入式路面的厚度宜为 40～60 mm。沥青贯入式面层材料规格和用量见表 9.5.2，集料规格见表 9.5.1-4。

表 9.5.2 沥青贯入式面层材料规格和用量

沥青规格	石油沥青					
厚度（mm）	40		50		60	
规格用量	规格	用量	规格	用量	规格	用量
封层料	S14	3~5	S14	3~5	S13（S14）	4~6
第三遍沥青		1.0~1.2		1.0~1.2		1.0~1.2
第二遍嵌缝料	S12	6~7	S11（S10）	10~12	S11（S10）	10~12
第二遍沥青		1.6~1.8		1.8~2.0		2.0~2.2
第一遍嵌缝料	S10（S9）	12~14	S8	16~18	S8（S6）	16~18
第一遍沥青		1.8~2.1		2.4~2.6		2.8~3.0
主层石料	S5	45~50	S4	55~60	S3（S2）	66~76
沥青总用量	4.4~5.1		5.2~5.8		5.8~6.4	

注：集料用量单位为 m^3/1 000 m^2，沥青及乳化沥青用量单位为 kg/m^2。

施工关键点及质量控制与沥青表处类似，只是沥青表处先洒布沥青后撒集料，贯入式则先撒集料后洒沥青。

9.5.3 稀浆封层

1 材　料

（1）乳化沥青应采用拌和慢裂型，技术指标应满足表9.5.1-2的要求。

（2）集料应采用无风化、无杂质、干燥、洁净，砂当量不得低于50%。

（3）填料可为普通硅酸盐水泥或石灰岩矿粉，所需矿粉类型和数量应由试验室拌和设计确定，并且作为矿料级配要求之一。

稀浆封层的矿料级配应满足表9.5.3-1中的范围。

表 9.5.3-1　稀浆封层矿料级配范围

类型	通过下列筛孔（方孔筛 mm）的质量百分率（%）								油石比（%）
	9.5	4.75	2.36	1.18	0.6	0.3	0.15	0.075	
ES-2	100	95～100	65～90	45～70	30～50	18～30	10～21	5～15	5.5～9.5
ES-3	100	70～90	45～70	28～50	19～34	12～25	7～18	5～15	5.5～9.5

注：沥青用量指乳化沥青中水分蒸发后的沥青质量，乳化沥青用量应据其浓度计算。

稀浆封层的沥青用量由试验确定，混合料的质量应满足表 9.5.3-2 的要求。

表 9.5.3-2 稀浆封层混合料技术要求

<table>
<tr><th colspan="2">试验项目</th><th>单位</th><th>技术要求</th><th>试验方法</th></tr>
<tr><td colspan="2">可拌和时间</td><td>s</td><td>≥120</td><td>手工操作</td></tr>
<tr><td colspan="2">稠度</td><td>cm</td><td>2 ~ 3</td><td>T0751</td></tr>
<tr><td rowspan="2">黏聚力试验</td><td>30 min（初凝时间）</td><td>N · m</td><td>≥1.2</td><td rowspan="2">T0754</td></tr>
<tr><td>60 min（开放交通时间）</td><td>N · m</td><td>≥2.0</td></tr>
<tr><td colspan="2">湿轮磨耗损失　浸水 1 h</td><td>g/m^2</td><td>≥800</td><td>T0755</td></tr>
<tr><td colspan="2">负荷车轮黏附砂量</td><td>g/m^2</td><td>≤450</td><td>T0752</td></tr>
</table>

2 工艺流程

准备下承层→粗、细集料、填料和乳化沥青→标定稀浆封层车→拌和摊铺→初期养护成型。

3 施工关键点

（1）施工前必须清理干净下承层。

（2）对各种材料性能进行检查，特别是集料含水量、细集料砂当量和乳化沥青指标。

（3）须进行配合比设计，应铺筑试验路，标定和调整各种参数。

（4）稀浆封层铺筑后，固化成型前禁止一切车辆、行人进入。

4 质量控制和检查验收

质量应满足表 9.5.3-3 的要求。

表 9.5.3-3 稀浆封层质量控制和交工验收检验要求

项目		质量要求	检验频率	方法
表观质量	外观	表面平整、密实，均匀，无松散，无花白料，无轮迹，无划痕	全线连续	目测
表观质量	横向接缝	对接，平顺	每条	目测
表观质量	纵向接缝	宽度<80 mm 不平整<6 mm	全线连续	目测或用尺量 3 m 直尺
表观质量	连线	任一 30 m 长度范围内的水平波动不得超过 ± 50 mm	全线连续	目测或用尺量
渗水系数		≤ 10 mL/min	3 个点/km	T0971
厚度		– 10%	3 个点/km	钻孔，挖小坑或其他有效方法

9.5.4 碎石封层

1 材料

（1）沥青材料参照表 9.5.1-1 或表 9.5.1-2 执行。

（2）应采用石质坚硬、清洁、不含风化、近立方体颗粒的碎石，级配范围见表 9.5.4。

表 9.5.4 粗集料规格

方筛孔尺寸（mm）	级配Ⅰ	级配Ⅱ
13.2	100	100
9.5	0 ~ 15	90 ~ 100
4.75	—	0 ~ 15
2.36	0 ~ 5	0 ~ 5
0.075	0 ~ 0.5	0 ~ 0.5

2 施工工艺

准备下承层→均匀洒布热沥青或乳化沥青→撒单一粒径碎石→碾压→初期养护成型。

为确保施工质量，宜采用同步碎石封层设备。

3 施工关键点

（1）施工前必须清理干净下承层。

（2）对各种材料性能进行检查，特别是集料含水量、沥青或乳化沥青指标。

（3）须进行配合比设计，沥青用量每平方米宜不低于 1.5 kg，应铺筑试验路，标定和调整各种参数。

（4）施工后应采用轻型胶轮碾压。

9.5.5 沥青混凝土

结合料应采用符合要求的道路石油沥青，沥青标号的选择应根据气候条件、交通量、施工工艺等因素，并结合当地经验确定。其余参照《公路沥青路面施工技术规范》（JTG F40）执行。

9.5.6 水泥混凝土路面类

参照《公路水泥混凝土路面施工技术细则》（JTG/T F30）执行。

条文说明：

水泥混凝土路面是一种耐久性较好的路面结构类型，但初期造价相对较高，对经济相对发达，受益人口较多、盛产水泥且通行重车的地区，可采用水泥混凝土路面。水泥、集料级配参照《公路水泥混凝土路面施工技术细则》（JTG/T F30）执行。

参考文献

[1] 熊建中. 四川统计年鉴-2013[M]. 北京：中国统计出版社，2013.

[2] 冯文生. 农村公路施工技术指南[M]. 成都：西南交通大学出版社，2007.

[3] 黄晓敏. 弹石路面设计施工技术指南[M]. 北京：人民交通出版社，2009.

[4] 交通部. 交公路发〔2004〕372 号 关于印发农村公路建设指导意见的通知.